Kenza L.

La plume psychologique 2: le monde virtuel

Kenza L.

La plume psychologique 2: le monde virtuel

Psychology is a code!

Éditions Vie

Cover image: www.ingimage.com

Publisher:
Éditions Vie
is a trademark of
Dodo Books Indian Ocean Ltd., member of the OmniScriptum S.R.L Publishing group
str. A.Russo 15, of. 61, Chisinau-2068, Republic of Moldova Europe
Printed at: see last page
ISBN: 978-613-9-59023-0

LA PLUME PSYCHOLOGIQUE :

LE MONDE VIRTUEL

By KENZA L.

PRESENTATION

- KENZA L.
- PAGES: 55 pages
- LANGUE : FRANCAIS
- TITRE: LA PLUME PSYCHOLOGIQUE : LE MONDE VIRTUEL
- STYLE : EDUCATION
- REPERTOIRE : PSYCHOLOGIE
- SYNTEHSE : La plume psychologique et ses résultantes. Pour donner espoir, il faudra définir le choc ou le point 'X' et donner un traitement. Chaque cas est un cas isolé mais cela n'empêche pas de pousser des définitions et des compréhensions, pour décortiquer les éléments phares et sémantiques.

SYNOPSIS

La plume Psychologique ou le monde virtuel de la psychologie à travers la musique.

- LA PSYCHOLOGIE
- LES TRATEMENTS
- LA THERAPIE
- LA MUSIQUE

La psychologie est une plume musicale, sous format de code virtuel distribuant la psychologie en codage informatique, sans rivaliser ou observer de façon rigide ou clôturée. Je regarde la musicalité de la psychologie sous un format perceptuel et innovant.

PLAN

LA PLUME MUSICALE

STRATEGIE: ORGUEIL & PREJUDICE

Un orgueil est un ressenti psychologique, permettant de satisfaire un besoin fictif d'existence. Alors que le préjudice, c'est un mal porté à un enfant ou un adulte, sur la base d'hallucinations subjectives.

>> Un terrain de Foot = 5 joueurs > 5 points psychologiques

- LA PLUIE : Pas d'entrainement
- LA TEMPERATURE : La concentration
- LE PAPILLON : La maitrise
- LE REVE : Un champ de Bataille
- L'ABSURDITE : Le Timing

Aucun match ne peut être joué au hasard, il faudra une préparation, un entrainement et un état d'esprit. Toutes les couleurs, les paroles et les faits sont inertes, car le match est en vue, mais lors du jeu, le joueur prouve son état d'esprit, sa capacité et sa vision.

Un match de foot, est identifiable à une STRATEGIE d'entreprise. Le mécanisme est applicable et tous les éléments sont identifiables, à un détail près. Une stratégie s'apparente à une Idée, Un champ d'application, des moyens mis en place et un ensemble d'actions ; le tout revient à atteindre « UN OBJECTIF ».

Travailler les méninges, est une psychologie dioptrique de l'irréversibilité des actions entreprises, quantifiant les moyens humains et les règles d'application ; toutefois toute stratégie a un esprit moqueur, de par son application et de par son adaptabilité a un environnement donné.

ORGUEIL

- Instaurer la peur, pour affaiblir l’adversaire
- A travers deux points principaux

PREJUDICE

- Le chamboulement de tous les repères
- Une influence négative
- Une impasse
- Le sentiment d’être piégé

>> 6 ans, est l’âge de toutes les raisons = Raisonnement

LA PSYCHOSE DU BONHEUR

i. AMOUR

L'AMOUR est un sentiment pur, sans effet physiologique, un sentiment de deux cœurs se rencontrant pour former une lumière inatteignable. Toute personne a le droit d'aimer mais les effets physiologiques sont un résultat de cet amour néfaste, sans prise en considération du toucher, ni le coucher, ni les paroles ou autres ; il est silencieux, sobre, simple et humble.

La prise en considération de ces effets est un effet secondaire des éléments, une partition musicale sur lesquels jouent les sentiments, le relationnel, les parfums et l'état second du cerveau, à produire des images et des mots, des ressentis.

Notre cerveau reçoit des signaux de la part de son bassin, que la température a dépassé un certain stade et de ce fait, le système du bassin demande au cerveau de le soulager des effets supplémentaire ; Cet appel se traduit par un dégagement hormonal, un relâchement d'une matière au niveau du cerveau similaire a la mélanine mais qui contrôle les effets sentimentaux, pour donner un ressenti de satisfaction et à ce moment-là, le cerveau envoie le feedback au bassin pour lui indiquer que tout est sous contrôle.

L'AMOUR est un sentiment de BONHEUR !

PROCESS :

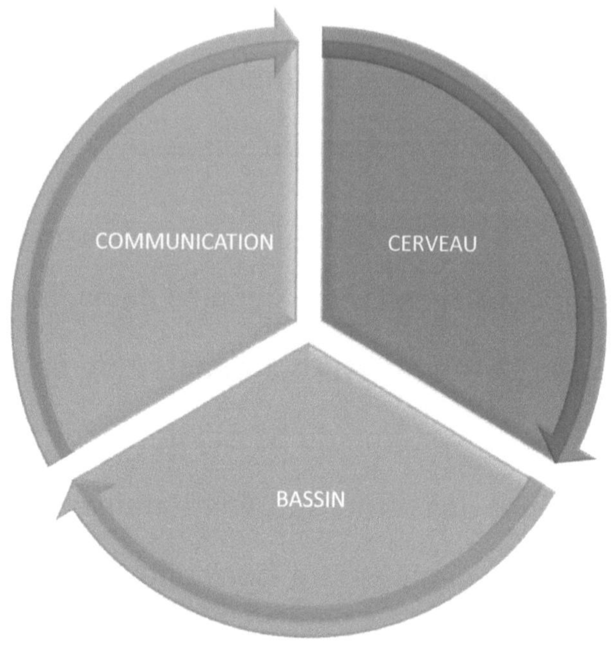

ii. AMOUR PROPRE

Un Amour propre est un amour venant de la personne elle-même par rapport à soi-même, sa considération de la réalité et sa perception de son image. Parfois, l'image est une donnée logique et gravée dans notre cerveau, pour prévaloir une réceptivité. Il n'est pas important de se voir beau mais il devient indispensable de s'accepter et de donner un élan de captivité, pour résoudre les différents éléments de regard extérieur et intérieur. Le réceptacle de l'amour est un cœur avide, de sentiments et de ressentis positifs et négatifs ; à titre indicatif pour défendre ses principes et son vécu, il devient indispensable de se rabattre sur des repères identifiables.

LA PSYCHOLOGIE DU SOUVENIR

La Psychologie du Souvenir (PS) est un voyage humain.

i. LE VOYAGE HUMAIN

Le voyage est un ARBRE, bâtit sur 4 volets : NEC (NUQUE, EPAULES, COU). Le NEC du corps est un ensemble d'éléments, formant une ARBORESCENCE de la vie, l'expérience, le vécu, les retentissements.

Le corps a une centrale, c'est son arborescence. Elle retrace les différents éléments de la régularité, l'équilibre, l'Existentielle et la réalité.

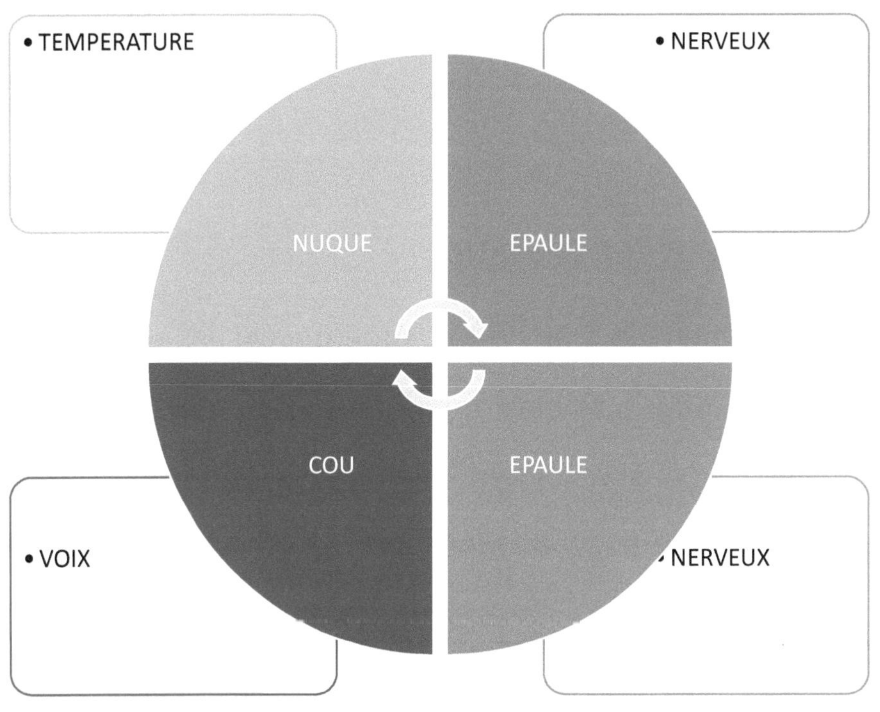

ii. <u>LE VOYAGE DES IDEES</u>

Les idées voyagent de la même manière, que ses semblables muets ; elles participent à la calamite des différents éléments de la vie quotidienne, pour élaborer le contenu effectif de toutes les réalités possibles et imaginables, de même que toute sorte de possibilité inexplicable.

iii. LE VOYAGE DES RIDES

La psychologie a des rides, superposées les uns sur les autres, pour atteindre une limite discutable. Ces rides sont d'une psychologie calamiteuse et traduisant un effet notoire, de la répartition psychologique. Tout voyage est un ensemble d'idées, composant un environnement donné, car ils se doivent d'être un déclencheur d'évènements ou d'actions sur la durée. Toute variable est un nouveau regard sur le monde entier, pour décrypter l'amalgame continu de la réalité et du rêve.

Une idée est psychomotrice !

LA PSYCHOLOGIE INVERSEE

i. LA PSYCHOLOGIE DU JEU

Au lieu d'aller directement vers le but, La balle sera jouée indirectement pour pouvoir travailler l'adversaire. Dans ce cas, l'adversaire est vous-même ; une personne face à son esprit. C'est un JEU DE BILLARD, en indirect.

EXEMPLE :

LE BILLARD EST UN JEU A 9 BALLES, CHAQUE BALLE EST EGALE A UNE COULEUR ; LA BLANCHE MARQUE E DEBUT DU MATCH ET LA NOIRE, SA FIN. Dans ce cas, Les couleurs sont synonymes de SECURITE, car le match est toujours en cours.

Sur cette base de JEU, on va imaginer une théorie de 7 couleurs ; chaque couleur a un effet psychologique, et on va prendre 7 couleurs longda. Donc :

1. ROUGE > AMOUR
2. VERT > PROSPERITE
3. BLEU > AVENIR
4. GRIS > DOUTE
5. ORANGE > AMOUR PROPRE
6. MARRON > BEAUTE
7. VIOLET > la constellation des 6 couleurs

Votre expérience a été mortifiée de 7 couleurs et chaque période de votre vie a une couleur, donc c'est un effet Arc-en-ciel. Alors imaginons maintenant que vous aviez eu des malheurs dans votre vie, alors ils seront remplacés par une couleur. En résultat, votre esprit négatif est redevenu positif et tous les malheurs de votre vie, à cet instant précis, ont été remplacés par un effet psychologique Nouveau. Donc, une résultante positive, sur la base d'une idée simple, à donner un coup de souffle à toutes les nouvelles idées et à clarifier la peur de tout corps. En application, l'idée semble très anodine et simple mais a son application, cela prendra quelques temps pour s'emparer de votre psychologique et s'y accommoder. Du coup, 10 a 15 mn par Jour, jusqu'aux premiers résultats et ensuite 5 mn par JOUR pour continuer. Le Résultat n'est pas une résultante, il faudra attendre une certaine période pour démonter son efficacité totale. Le traitement s'estompe, au moment où son application ne donne plus d'effets supplémentaires.

ii. LE POUVOIR DU COMBAT

Un combat est une interaction entre deux parties, valorisant une partie plutôt qu'un autre, pour promouvoir la réalité et le pouvoir. Ce combat n'est nécessairement pas un combat unique ou neutre, c'est un combat entre deux matières et leur interaction pour pondre un résultat psychologique. Tout combat a un début et une fin, quelque soit sa longueur et son éternité ; Il s'agit d'un long et large spectre d'interaction, entre la traversée et le chemin, il y a une finalité et une destination.

La réaction chimique d'une psychologie est un combat continu entre les différentes parties prenantes, pour atteindre un spectre basique de communication ; ce champ d'intervention est une finalité en soi. Il devient prépondérant de regarder la réalité en face, avec un œil nouveau de la sphère communicative. Un combat est un souffle de longue haleine, percevant un effet migratoire de la réalité psychologique, d'une économie d'énergie à se battre à longueur de temps. Il parait psychologiquement équitable d'équilibrer les valeurs et la balance, en déployant ce combat sous forme d'un ensemble d'énergies disparates vers une seule énergie combinée. A démontrer les réalités solitaires d'un combat, cela veut dire surtout que ces réalités vont se traduire par des stratégies, une structure de jeu et une lignée vers la victoire. Le combat est un jeu à pouvoir mais le pouvoir reste un jeu de plusieurs combats, cela consiste à conjuguer le singulier au pluriel et la pluralité au singulier, faisant de ce combat, un contrat « Gagnant/Gagnant ». Tout effet psychologique qui interrompe cette suite logique, peut être réduit à néant, dans la mesure où tous les ingrédients sont là, et que le seul élément manquant du puzzle, est la confiance dans ce combat pour le gagner définitivement.

iii. L'IVRESSE DU POUVOIR

Le pouvoir est un sentiment de contrôle, déployée par une personne sur une autre personne, ou un groupe de personnes pour léguer les ordres et les appliquer de façon autonome. Toute ivresse du pouvoir est un ressenti profond, capable d'appliquer les lois binomiales et binaires dans un environnement donnée. Il est indispensable de voir et entrevoir la dispersion de l'ivresse sur une tranche d'intervalle, sur une mesure de mètres, sur une suite logique ou un déterminant psychologique.

A toute ivresse du pouvoir, il existe toujours un moyen représentatif d'une solution quelconque sur un point d'arrêt ; L'ivresse du pouvoir est semblable à un code informatique, d'un système ERP sur lequel on va définir un point d'arrêt pour une analyse de code. Il existe différents moyens, de comparer l'incomparable dans un domaine de logique ; une force intérieure de la voix raisonnante d'une multitude de codification ultime sur un paramétrage donnée. Il existe néanmoins, toujours des failles à décortiquer pour estamper et arrêter l'hémorragie de l'ivresse.

L'Ivresse du pouvoir est semblable à un code informatif avec un point d'arrêt. Toute résonance est un raisonnement continu de la réalité économique, la continuité subjective, la rupture maladive et le cercle viscéral de la batterie codale. Une bactérie est une faille dans le code, qui permet à un intrus de se faufiler sous un aspect similaire, ou semblable pour s'imprégner de l'existant et développer une variante ; La variante étant une base du code existant et un développement de quelques lignes supplémentaires, pour bloquer l'initial de son fonctionnement habituel et réitérer vers un réceptacle vide.

L'IVRESSE DU POUVOIR EST UN CODE INFORMATIQUE

Le NOIR CEREBRAL

i. LE SAVAGISME

Le savagisme est une réaction aléatoire, d'une personne donnée d'une manière exagérée, pour diminuer la force de son adversaire et dilapider son discours ; ceci se produit par des personnes, en général, sans culture et sans niveau pédagogique. L'adversaire relate entre les différentes personnes, par le biais de la parole, pour le contraire à sortir de leur champ de prédilection.

Dans la majorité des cas, c'est un sentiment Négatif.

ii. LE DOUTE

Un Noir cérébral, qui s'installe, face à une situation de difficultés, et la personne prend à cœur les évènements, pour ne pas être en mesure de clarifier la situation en question, donnant à la peur un champ de confort absolu.

iii. LA TRAHISON

La trahison est le moment ou tous les dos se sont retournés contre toi, laissant la personne vivre dans un environnement plein, un isolement absolu et inerte. Il ne regarde ni le noir ni le blanc, il voyage à travers les lignes cachées de la vie solitaire des mots et évènements.

iv. LE CAUCHEMAR

Le cauchemar est un Noir constant, et tournant sous forme de cercle vicieux. Tout cauchemar est une production paranormale d'un évènement inexpliquée, donnant une explication logique et détaillée. Le paranormal dans ce contexte, est la répétition ; cette redondance est un fléau à stopper si possible par un mot, une phrase puisque les répétitions vont réveiller la personne de son sommeil, pour lui donner un résultat positif et relativiser le résultat.

v. LA REVOLTE SUBSIDIAIRE

La révolte subsidiaire est une atteinte à la vie de plusieurs personnes, sous un format irrégulier pour démontrer la gravite et l'ambiguïté de la situation. La révolte subsidiaire est une révolte de l'intérieur en one shot, ou sur une seule sortie ; cette révolte se manifeste par un fort intérieur qui se développe au fil du temps, pour pondre un code différent du code natif. Ainsi, tout code supplémentaire est une révolte subsidiaire de la réalité de base. Ainsi, tous les codes sont dépendants de la possibilité connotative de la nécessite, d'en déduire des codes supplémentaires et produire ainsi des résultats inattendus face à un état d'esprit fort, robuste et peut en découler des sub-codes inexistants ; ces sub-codes sont sous formats de codes disparates qui s'incrustent dans tout code pour activer une fonctionnalité donnée, et compléter la fonctionnalité existante.

La révolte subsidiaire se traduit par le code et sub-code de tout code code de base vers un code subsidiaire. Cette transition est nommée révolte, car elle conduit d'un point A vers un point B, pour faciliter l'accès a des fonctionnalités supplémentaires.

vi. LE SOMMEIL SOMNANBULE

Le sommeil somnambule est la maintenance informatique, elle se passe la nuit pendant que les systèmes sont en repos, et elle passe sous silence. Elle est implicite, et relate tous les évènements codées et permet de programmer des mises à jour, sur des périodes time-in/ time-out, pour démontrer la capacité du système à produire un effet transversal. Aucun élément n'est possible d'être reproduit à l'identique, positivement ou négativement, tout repose sur la continuité et la détecte des anomalies pour les laisser en attente de traitement jusqu'au moment de relais.

LA DIVERGENCE THERAPEUTIQUE

i. LA PSYCHOLOGIE DE L'EQUILIBRE

L'équilibre du cerveau repose sur la capacité des neurones, à produire un effet positif sur la circulation de l'information au sein d'un même corps ; le corps peut être humain, organisme, société ou encore scientifique.

Cet équilibre est une résultante de tout un monde tournant, sous forme d'un Globe-terrestre ; le Neurone est faible face à la robustesse du circuit informationnel. La circulation produit un effet positif ou néfaste, sur le verbal et le para-verbal ; cette partition est une équation énigmatique, de la résistance humaine face aux aléas quotidiens de la vie ; ces aléas peuvent être : Stress, Empathie, Sommeil, Repos, Cauchemars, Suspicions, ..., etc. Toute psychologie est résultante, alors il est primordial de travailler les bases de la pensée, des idées et de revisiter les souvenirs avec un avis positif, et souriant, pour rendre le devenir un advenir psychologique, a effet positif et de meilleur rendement.

Pour décoller es superstitions avec les rendements supposées, il est essentiel de réparer les évènements, de manière subsidiaire, afin de récolter les fruits.

UNE THERAPIE

Un code produit un résultat. Il relate les informations données et circulera au niveau système, pour aller chercher cette information singulière et la compléter par des points de croisement, en piochant dans les tables et les codes, regroupant ainsi toutes les informations sous un format de Reportions.

ii. LA FORCE DE CARACTERE

Le code a une force de caractère, comme toute thérapie psychologique. Une logique est respectée et elle produit, à travers des étapes successives, des résultats probants ou données, afin de délimiter le périmètre d'intervention. Il est néanmoins important de comprendre la force de caractère du linéaire subjectif pour attester la résultante, un véritable havre de créativité quand on comprend le pourquoi du comment. Il devient indéniable de souffler un nouveau code plus complexe que le premier, en mettant des entraves d'accès.

iii. LA VIRTUOSITE DU CERVEAU

La virtuosité du cerveau repose sur les liens définis et non utilises de notre cerveau ; la virtuosité comprend les lignes directrices de l'Araignée codale, de libérer les tensions artérielles et donner un fonctionnement subliminal de la beauté informatique et cérébrale.

Le VIOL MENTAL

« ***UN REVE PEUT DEVENIR UNE REALITE, DU MOMENT QU'ON Y A CRU*** », par KEN.

LA PSYCHOLOGIE DE L'ENFANT

i. LA PEDOPHILE ou LE TRAUMATISME ENFANTIN

Un Homme ou une Femme, n'acceptant pas le cadeau de Dieu, vont démontrer par des actes impulsifs, la tenante d'un acte moche et délibérée, d'une réticence enfouie dans un monde imaginaire. Tout est une question relative de la capacité humaine, a resurgir des souvenirs renfloués, sur une période passée. Saccagé par le monde, contrairement à des évènements existants, tout devient une répétitivité nouvelle d'un monde ancien ; un monde « NOIR et BLANC ».

Tout acte est délibérément admis, en toute simplicité. Mais reste le souvenir enfoui, à resurgir sur une image photographiée. Toute correspondance reste, sur une ligne déserte, sans Merci ; à essayer de trouver la ligne de sortie. Il est communément admis que ces actes sont jugés par la loi mais, certains actes étant difficiles à démontrer, laissent des traces difficiles, à l'image d'une route non goudronnée.

Pour la personne ou l'enfant en question, il devient primordial de revoir la ligne de communication à adopter dans ce cas. Tous les cas ne sont pas semblables, même pour les mêmes enfants de la même famille. Un acte reste inexpliqué, à voir le repli de l'enfant ou son refuge vers quelque chose, à espérer que cela soit positif.

Le soin dans ce cas, est demandé à ce que ce soit le SPORT, l'ART, la MUSIQUE, le VOYAGE, ... Les européens et étrangers connaissent ces cas et les soignent parce qu'ils en parlent mais, chez les enfants arabes, il est très difficile pour les parents et entourages de partager cette typologie d'information, parfois juste par méconnaissance car l'enfant a du mal à s'exprimer de son fort intérieur, par mauvaise connaissance du sujet.

En Europe, la télé montre des cas pour que d'autres enfants en parlent et cela est très positif mais le monde arabe est plutôt retardataire sur ce sujet, à savoir la tradition, les coutumes et le respect de la religion ; les mots sont très difficiles à utiliser devant tout public et parfois, par prise en garde de la connaissance ou la traduction du sujet.

ii. LES NEURONES

Les neurones sont des liens fluides de code, dans tous domaines confondus. Il existe à la base, 1000 Neurones et les liens supplémentaires, sont des ajouts ou des développements spécifiques ou couches de code.

La variable est libre mais sa nature, typologie, et fonctionnement sont des paramètres de définition logique et naturelle.

L'AUTISME PSYCHOLOGIQUE

i. L'AUTISME PSYCHOLOGIQUE/ LA RUMEUR INETRIEUR

L'autisme psychologique est un autisme intérieur, de sa capacité intérieure à produire un effet positif. Un autisme peut être la traduction d'une personne inconnue sur une période donnée, un impact négatif de son intérieur, à se décider à vous lâcher ; cela peut être suite à un amour, une séparation, un accouchement, une bagarre, un voisinage, ...

Cet autisme est un peu diffèrent de l'autisme classique, à savoir que sa psychologie est un réflexe humain, à dompter les pouvoirs publics de leur force et aucune loi ou médecin ne seront capables de vous aider ou vous donner un coup de main. Les pouvoirs public et prive deviennent impossible à faire prévaloir, il ne reste que la psychologie intérieure sur laquelle il faudra jouer pour résulter de cette aptitude physionomique.

Un Autisme psychologique classique est celui qui est connu du grand public, alors que cet autisme est aléatoire et demande une certaine concentration et beaucoup de patience, pour récupérer les points perdus, les réflexes et les enchainements. Il est aléatoire, de par sa nature, son acheminement et ses symptômes ; il relate ainsi les différents aléas de la vie sous une forme unique, et il est souvent difficile de le surmonter. Ceci dit, l'Autisme Aléatoire n'est pas une pathologie et ne pourra être suivi par aucune médication, le plus souvent il faudra suivre un traitement nutritionnel, sportif et psychologique pour surmonter les épreuves ; à doper par des produits naturels tels que : les amandes, le miel, le citron, la cannelle, les noisettes, les dattes et le gingembre.

Ces produits permettent de soulager le système nerveux des condensations, des réactions attives et de fortifier les réactions naturelles pour accompagner le repos intérieur.

ii. LA PLUME AUTISTE

La plume autiste s'apparente à un viol réel ou psychologique, car les paroles de la personne ne sont pas entendus, ni pour le « OUI » ni pour « NON » ; la personne adversaire peut être de bonne foi mais son incapacité à se faire entendre, fais de lui la victime idéale pour toute personne de bonne ou mauvaise foi. Toute question d'autisme est une question ou un challenge de se faire entendre par le reste du monde ; personne ne peut entendre votre voix pour différentes raisons et les gens croient que vous êtes le malade, or je suis victime de votre maladie celle de la sourde oreille que vous avez développée au point de non-retour.

Il faudra arrêter les dégâts avant le point d'explosion de tous les ravages, toutes les révoltes et les récoltes qui peuvent en découdre. Il devient indispensable de revoir sa manière de traiter et les rivalités psychologiques de tous les sentiments enfouis des autres.

LA PSYCHOLOGIE DU SOUVENIR

i. LA PSYCHOLOGIE DU SOUVENIR

Le SOUVENIR peut être traduit par « SOU + VENIR », c'est un départ avec un rappel instantanée. Il permet de le rappeler en cas de besoins positifs ou négatifs, car il permet de reproduire un acheminement semblable mais différemment. Il vous rappelle l'ancien avec un air d'aujourd'hui, comme une PLUIE ou une CHUTE DE NEIGE. C'est un niveau de code donné, qui donne les points de départ et d'arrivée pour pouvoir contrôler un évènement donne ; toute réaction cérébrale est possible de se reproduite suite à un acheminement particulier. Cet acheminement se produit sous format d'un code avec un contenu et une cible ou un résultat, c'est semblable à la programmation informatique.

Donc, la complexité du souvenir dépend de la complexité du cerveau, a l'image de la programmation informatique et ceci est un code, qui ne peut être lu que par celui qui l'a écrit ou celui qui a défini la trajectoire.

Donc, la programmation informatique est une trajectoire de mots et symboles, sous forme d'un souvenir a traduite et qui ne peut être lu ou décodé que par son détenteur.

<u>PROCESS</u>

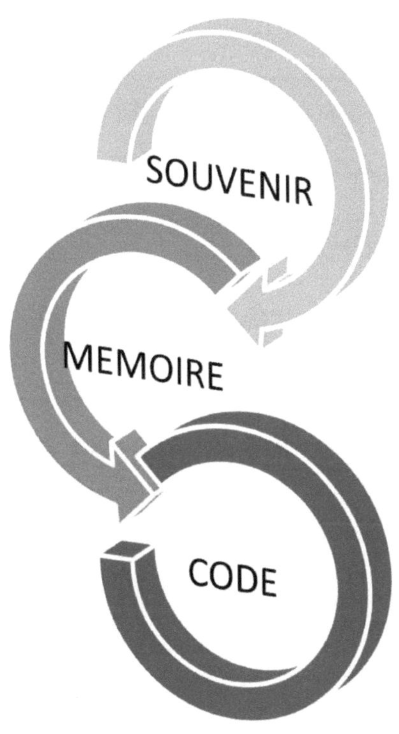

ii. LA PSYCHOLOGIE DU PASSE

La psychologie du passé est une psychologie de resurgissement des souvenirs, à savoir tous les combats psychologiques. Il est indispensable de revoir les acheminements du passé avec une vision psychologique, mariant le sourire et la décontracte ; l'importance est de résoudre les conflits, codes, les nœuds et les absurdités psychologiques ou noircis avec un brin de sobriété naturelle, souriante et aimante.

Toutes les réalités sont des réalités subjectives, puisque les souvenirs sont enfouis dans la mémoire de manière notoire et fondés sur des environnements réels, psychomoteurs et révélateurs de votre réalité psychologique. Tout évènement intervient comme celui d'un remue-ménage, il intervient de telle sorte que les différents comportements deviennent complètement fatals dans l'organisation psychologique.

L'ORGANISATION PSYCHOLOGIQUE > PROCESS

Le passé définit la réalité futuriste et permet d'entrevoir les évènements. On vit les mêmes évènements mais sous un angle différent.

Exemple :

Partir à la plage pour la première fois de sa vie est différent de la 10e fois. On n'a pas les mêmes marques.

iii. LE SOURIRE SAUVEUR

Une Bouée de sauvetage, pour dépasser les entraves dans le passé, le présent et le futur. Tout comportement négatif peut être corrigé par un sourire, positivant les situations et dépassant les points d'arrêt de tous les angles de vue. On repère au cours de notre vie, plusieurs points d'amélioration, comme toute personne mais certaines personnes, peuvent rencontrer des points contradictoires, à essayer d'entrevoir la lumière au bout du tunnel, dans les situations les plus graves et plus difficiles. Le contexte n'est vraisemblablement pas une condition préalable, pour répondre aux besoins cruciaux de la positivité.

Donner un élan a toutes les possibilités, c'est sourire a la moindre issue que vous pouvez rencontrer, générant ainsi des résultats successifs, progressifs et probants. La répartition de toutes les règles, donne un passage inopiné de la continuité positive dans le fonctionnement cérébral, réduisant ainsi toutes les entraves vers un pourcentage minimum, et accentuant le résultat positif vers le maximum.

Le sourire sauveur est un choix personnel, parfois une réponse automatique de notre intérieur et notre personnalité, à souhaiter voir du positif et à vouloir changer les choses ; toutes raison est une raison singulière, jusqu'à démontrer sa pluralité et ce pluriel, peut être obtenu par les faits, les actions, le mouvement et la persévérance.

LA MEMOIRE

i. LA MEMOIRE REELLE

La Mémoire est un jeu de va et de vient, un message et son Feedback, Un EFFET COMMUNICATION. Toute mémoire est un développement psychologique, une mémorisation et un résultat ; La composition revêt une aliénation ou une suite logique de plusieurs éléments de la capacité cérébrale. Je traduis un évènement psychomoteur en mouvements pour que le corps, l'esprit et le cerveau puissent produire sur un Timing précis, avec des données précises ; La musique donne à la mémoire le même effet que l'alcool, sans conséquences néfastes. Elle circule à travers le sang, le système nerveux et la perception et donne au cerveau un PEP'S, lui rafraichissant les idées et produisant un caractère dopant.

En fait, c'est la psychologie d'être dans un BAR en train de boire, qui relativise le cerveau à se détendre pour percevoir l'effet alcoolisé mais si vous prenez la même chose dans votre maison, cela me donne pas le même résultat ; telle est la musique, en Boite de nuits diverse du casque et de l'effet sonore VOITURE, ... etc.

Tout est relatif et on relativise de la même manière qu'on établit les liens avec ses voisins. Les neurones travaillent en collaboration ou en destruction/arrêt, selon les informations perçues ou reçues. Donc, tout est possible, il suffit de voir et entrevoir le fond et la forme.

ii. LA MEMOIRE VIRTUELLE

Une mémoire virtuelle est une mémoire temporaire, décrétant la virtualité de l'action, sollicitant les neurones de manière univoque, pour rattraper les retards occasionnels ou temporaires, de sauvegarde d'informations dans le cerveau humain. Toute action initiée par le cerveau, est un déclenchement du cerveau d'un workflow de liens d'informations, pour laisser libre court à cette possibilité, de réduire les espaces ouverts ou vides, par un complément informationnel.

iii. LA MEMOIRE DU TRAVAIL

La mémoire du travail est une mémoire temporaire, déterminant les différents repères de travail et de relativité psychologique pour répondre à un changement continue des problématiques répertoriées sous forme de dossiers.

La mémoire définit un système de sélection automatique, pour délimiter le périmètre d'intervention. Sa structure est une forme d'intervention,

LE SYSTEME BOURSIER

i. LE MARCHE EN QUELQUES MOTS

Un MARCHE est un ensemble d'éléments, tels que : Un Lieu, des Partitions et un objectif. C'est un ensemble musical, il joue le Grave et l'aigu, les bases de tout environnement. La perception d'autrui n'est que le fruit de notre imagination accablée, de remords, de tristesse, de bonheur et de rêves. La psychologie musicale y joue beaucoup et son dompteur ou moteur premier, est le reflet de notre fond intérieur ; il nous ouvre des portes et nous paralyse, de manière à trouver son équilibre d'énergie.

Toute énergie est le fruit de notre capacité à interagir avec les mouvements, et son interaction avec l'environnement est une équation logique et fondamentale de la réalité humaine. Pour secourir le cerveau de son vécu, le voyage maléfique des chiffres ou lettres s'avère nécessaire pour descendre les idées flouées vers une terre promise, pour savourer les différents axes d'appui de la psychologie musicale.

LE COMPORTEMENT HUMAIN est, de mon point de vue, un fléau musical jouant les partitions de manière savoureuse et mélancolique. Accroitre les mouvements, est une condensation des idées dans un but ultime. Le cerveau rapatrie les idées en fonction de leur renouvellement, les couleurs, les souvenirs laissés mais surtout, l'impact positif ou négatif laissés.

ii. LE MARCHE EN QUELQUES MOTS

Le Marche est un lieu de psychologie première ; il relate les rivalités psychologiques de façon inconditionnelle la stratégie virtuelle d'un monde complexe sous un format « A et B ». Tout retraitement de cette psychologie repose sur des facteurs humains, compliqués à entrevoir et apercevoir.

L'ESPOIR/L'ARRAIGNEE PEDAGOGIQUE

L'espoir pédagogique est un ensemble d'actions, définies selon un listing donné pour promouvoir les aspects psychologiques sous un format différent. A l'instar des différents éléments, il devient indispensable de répondre aux aléas de la vie à savoir, l'instauration des différentes catégories pour récupérer les règles du jeu, les faveurs de toute une vie sont un facteur prédéterminant

La pédagogie est une culture psychologique, de transfert d'informations, vers un autre monde. Une personne transmet à un groupe de personnes, en continu ; se traduisant par une quantité de savoir transmis, sous forme d'une araignée. C'est l'Araignée de la pédagogie.

L'araignée pédagogique est semblable à Internet, a l'instar de sa transmission initiale, de manière très restreinte. Elle se propage d'une manière plus conséquente dans le temps et l'espace ; toute action peut être entreprise de façon solitaire, mais sa résultante est plus large, vers un public plus poussé. Le savoir étant, un produit non consommable, il est durable dans le temps et peut être répertorie à l' infini dans des livres, des archives, ..., etc.

Comme tout espoir, il y a deux voix : une négative et la deuxième, est positive. Le positif se base surtout sur la plus-value de la règle pédagogique, du bagage de sympathie, du réservoir du raisonnement et la résultante de la capacité intellectuelle.

QUOTES:

- Le LIVRE EST UNE MEMOIREREELLE, VRAISEMBLABLE A L'ETRE HUMAIN.

- LA MEMOIRE HUMAINE EST UN CLOUD VIRTUEL

SORTIE DU LIVRE

Pour Finir, Je finis toujours mes livres sur une Note positive, donnant une clairvoyance pour garder une trame solennelle et musicale.

Trace ta route,

Le jeu n'est qu'un doute,

Amer et ordinaire,

Sur une planète solaire,

Je ne suis pas sagittaire,

Mais un Bélier, pas ordinaire.

Je te montre la mise,

Telle une banquise,

Je te reçois exquise,

Je ne te vois, CERISE

Sème, sème,

Je croyais que tu m'aimes,

Un vent comme même,

Sans recevoir de BLEME.

T'inquiète, je suis loin

Je ne suis pas Foin,

Je travaille le lendemain,

Avec mes deux mains,

Je regarde la lune,

D'une Rue, pas commune !

BOOKS in STORE

LIVRES

- POESIE BAROQUE
- BAROQUE WORLD !
- BUTTERFLY EFFECT
- LE CAMELEON
- LA PLUME PSYCHOLOGIQUE
- LA PLUME PSYCHOLOGIQUE : LE MONDE VIRTUEL
- LE MAROC VISIONNAIRE

#KENZATHERAPY SUR TWITTER

CONTACTS

Twitter: @laestycia

Instagram: @kencool26

LinkedIn: #laplumekenzaouite

Printed by Books on Demand GmbH, Norderstedt / Germany